あたたかい生命《いのち》と温かいいのち

福井 生《いくる》［著］

いのちのことば社

推薦の言葉

関西学院大学人間福祉学部教授　藤井美和

「言葉にできない」、「ヤバイところに来てしまった」。昨秋、学生たちと久しぶりに訪ねた止揚学園で、その帰り際、彼らが涙しながら語った言葉です。

学生たちの見た止揚学園は、「障がい者施設」ではなく、「あたたかい家」でした。私たちは、施設の見学者ではなく、お家を訪ねたお客様として、あたたかく迎えていただきました。食前の祈りを共にし、そば打ち師匠のおそばに舌鼓を打ち、一緒に語り、歌い、楽しいひと時を味わいました。そして帰りには、止揚学園の仲間全員が外に出て、寒い中、一生懸命手を振って見送ってくださいました。「またきてね〜」と、見えなくなるまで。

「障がいのある人を理解しましょう」、「多様性を認め合って生きましょう」。多くの人がこのような言葉で「共生」の重要性を訴えます。しかし、この言葉を口にするとき、私たちは、障がいを持つ人と持たない人が「異なる存在」であるという前提に立っていないでしょうか。

確かに他者と共に生きることは、多様性を認め合うことの上に成り立っています。しかし、「多様性」という言葉を使うとき、その違いばかりが強調され、そもそも私たちは同じ人間であるという、普遍的価値（存在価値）が置き去りにされているように感じます。「人間は多様である」と主張する前に、「人間は同じである（存在価値において）」という確信がなければ、他者と共に生きることは難しいのです。ではこの確信は、どこからくるのでしょう。

「目に見えるものより、目に見えないものを」――止揚学園本館入り口には、創設時から大切にしてきた新約聖書・コリントの信徒への手紙二、四章一八節、「わたしたちは見えるものではなく、見えないものに目を注ぎます。見えるものは過ぎ去りますが、見えないものは永遠に存続するからです」（新共同訳）の聖句が掲げられています。園長であり本書の著者である福井生《いくる》さんは、生まれた時から止揚学園の仲間たちと過ごしてきました。生さんにとって、障がいを持つ人たちは、理解しなければならない対象でもなければ、助けてあげなければならない存在でもありませんでした。生さんは、学園の仲間に世話され、抱っこされて、きょうだいのように過ごしてきたのです。見えないもの、いのちといのちの重なりを、こころとからだとたましいで感じてきた人でした。しかし、大人になるにつれ、社会が止揚学園のもつ価値観を認めていないことを実感していく中で、生さんは、自身の生き方を問われることになります。だからこそ、生さんは今、あたたかいいのちが重なる、この家のもつ核心を静かに強く訴えておられるのです。本当の意味での出会いは、たましいとたましいの出会い。そこには、どちらか一方が支える側、支えられる側になることはありません。私たちはすべて等しく、神様に愛され、赦され、支えあい、祈りあう仲間である――ここに、共に生きる確信が生まれるのです。

久しぶりに訪れた止揚学園。私たちは生さんからも、スタッフの皆さんや仲間のみなさんからも、何の「講義」も受けませんでした。また、この世に対する「抗議」も一切、聞くことはありませんでした。それなのに、私たちの心がこれほどまでに揺さぶられたのは、私たちがただただ受け入れられ、生き生きといのちを生きる人たちに出会ったから。「言葉にできない」、「ヤバイところ」は、効率性や合理性を重視する社会の価値観、いえ、私たちの価値観が覆されたこと、そして、いのちのあたたかさに満たされた場に身を置くことで与えられた大きな安らぎから生まれた言葉だったのです。

止揚学園を後にして、能登川駅に着いたとき、それはそれは、大きく美しい虹が、空高くかかっていました。神様が与えてくださった約束の虹。「またこの家を訪ねよう」。学生たちとしばし佇《たたず》み、あたたかさをかみしめ帰路につきました。

愛され、赦され、支えあい、祈りあう、あたたかいいのちの重なるところ。それが止揚学園という家。神様に信頼し、いのちの本質を生きる人たちの集まり。それが、止揚学園という家族なのです。

この書を通して、止揚学園の仲間たちに出会っていただきたい、私たちこそが赦され受け入れられる場をぜひ訪ねていただきたい、こころからそう祈ります。

はじめに

止揚学園《しようがくえん》 職員　秋済 恵子

「幼なじみ」という存在は唯一無二なものです。楽しいこと、ケンカしたこと、嬉しかったこと、寂しかったこと……共通の思い出をたくさんもっているからです。そして、その思い出も、子どものころの感性のまま残っているので、大人になってから考えると、たいしたことではなくても、イキイキとよみがえってくる、心がほのぼのしてくる思い出です。

止揚学園の入園している仲間たちにとって、生さんはそんな存在です。そして、生さんにとっても、障がいをもつ仲間たちはそんな存在なのです。文字どおり生まれたときから、「共に」、良いところも悪いところも、隠すことなくお互いが知り合っているという、この信頼は、言葉のみの約束ではない、いのちの部分で繋がっているという安心のもとに積み重ねられてきたものだと思います。私たち職員が生さんに寄せる信頼もまた、仲間たちを心から信頼し、愛している姿勢を側《そば》で感じるからこそのものです。

このたびの「あたたかい生命《いのち》と温かいいのち」を読んでいただくと、そのような関係が隅々から伝わってくると思います。

「仲間たちは、その笑顔の内に、私たちを赦《ゆる》し、共に歩んでくれているのです」と、生さんはよく私たちに話してくれます。その言葉に、神さまの赦しと愛がいつも重なります。神さまの愛を確信し、すべてを委ねて明るく生きる仲間たちと、それを教えられながら共に歩む、生さんと私たちの日々の積み重ねを、この本を通して共有していただければ幸いです。

目次

1　あたたかい生命《いのち》が温かいいのちに合わさって

私が園長を務めている止揚学園には、最重度とよばれる知能に重い障がいをもつ仲間たちが生活をしています。これまで、止揚学園は、知能に重い障がいをもつ人も、もたない人も支え合い、家族のように歩んできました。

私の両親は止揚学園の職員でした。それで、知能に重い障がいをもつ仲間たちは、私の物心がつくころからそばにいて、いっしょに成長してきました。

そんななか、年下の私の面倒をお姉さんのように見てくれる人がいました。名前は純奈さんといいます。純奈さんに障がいがあることは何となく感じていました。保育園も年長組になると、だいたいのことは私のほうが上手に早くできるようになっていました。それでも、私の乗っている乳母車を押したこともある、私をおんぶして歩いたこともあると、いつまでも得意そうにしている純奈さんを見ていると、言葉にしてはいけないような気がしていたのです。純奈さんはお姉さんであり続けました。

私が高校に入る年齢になったとき、その高校が止揚学園から離れていたので、寮に入ることになりました。長い間帰らず、久しぶりに帰って来た日のことでした。これまでずっと仲良くしていた純奈さんが、私の顔を見て、いつもだったら、「るーちゃん、おかえり」（当時私は「るーちゃん」と呼ばれていました）と声をかけてくれるのに、そのときはちょっと考えて、そして明るく、今までそうであったかのように、「お帰りなさい、お兄さん」と言ったのです。わかっていたことでしたが、実際にこのようなかたちであっけらかんと言葉にされると、ちょっとしたショックと寂しさを感じてしまいます。そして私は私でその日から、純奈さんには障がいがあるのだと、自分の心に何度も言い聞かせるのでした。


純奈さんのお母さんが天国に旅立って行かれたのは二年前の冬のことです。

その日、「もう苦しそうな息をしているんや」と、お父さんから電話がかかってきました。私は急いで純奈さんと、お母さんの入院している病院へ駆けつけました。純奈さんが「お母さん、元気だして」と悲痛な声を出しても、お母さんは酸素マスクをはめて、苦しそうな息づかいを止めることはできませんでした。

お母さんは、それから三日後、神さまのもとへ帰って行かれました。告別式の日、純奈さんは静かにしていました。私は心配になり、「大丈夫ですか」と声をかけました。すると、しっかりと私の顔を見つめ、「お母さん、神さまが守っています」と言ってくれたのです。その言葉は私の心の深いところに響きました。人が生きる勇気や、生きる喜びにあふれさせてくれる言葉だったからです。

時間が元に戻り、子どものときのお姉さんの純奈さんがそこに立っているような錯覚がしました。

私はこの言葉に以前にも出合っていました。純奈さんが私のことを「お兄さん」と呼んだときです。

「私は知能に重い障がいをもっています。あなたはもっていません。あなたはこれからどのような生き方をするのですか」

純奈さんは私に、もう子ども同士ではないということを教えてくれていたのです。その言葉は私を冷たく引き離すものではなく、これからは、社会の中で弱い立場に立たされている人たちと共に歩む生き方をしてください、と切実に私に話しかけていた

止揚学園で共に歩む仲間たちです

のです。あのとき、そこにいたのはまぎれもなく、お姉さんの純奈さんでした。そのことに気づかされると、言葉は、優しさの中に強さを含み、私を温かく包み込むのです。

私は現在、仲間たちと共に歩んでいます。確かに純奈さんは知能に障がいをもっています。難しい話ができるわけでもありません。私たちは、仲間たちとの歩みの中で、聞こえない心の声に無関心であったらいけないと思います。なぜならその声にこそ叫びがあるからです。「私たちも同じ時に、同じ社会に生き、生命《いのち》の繋がりを求めているのだ。あたたかい生命が温かいいのちに合わさりたいと願うように、私たちもここに存在しているのだ」と、最重度と呼ばれる知能に重い障がいをもつ人たちの心の叫びがあるからです。

その言葉は決して攻撃的なものではなく、温かく優しく私たちを包み込みます。その言葉は「祈り」です。すべての人々の笑顔を願う、希望にあふれた未来を願う「祈り」です。仲間たちの見つめる先にこそ明るい光が灯されているように思います。そして、その光は神さまのほうへと続いていることを、私たちは仲間たちとの歩みの中で確信しているのです。

2　サクッ、サクッという優しい響き

私が生まれた時から共に生活している止揚学園の、知能に重い障がいをもつ仲間の人たちの中には、私たちと同じ言葉を話すことが難しい人や、一点だけを見つめ、話しかけても目と目を合わせることが難しい人がいます。

学園を見学に来てくださったお客様がよくこんな質問をされます。「この人たちと関係を結ぶにはどうしたらよいのですか」と。私は、知能に重い障がいをもつ人たちとの「共に」の生き方を真剣に考えてくださる方々に感謝し、そのために少しでもお役に立ちたいと思い、お話しします。

「仲間たちは、息をし、心臓が鼓動を刻み続けているだけで生きているのではありません。一人ひとりに温かい心があり、お互いの温かさを感じることで、表面的な繋がりでなく、心と心で繋がることができるのです。」

そう言うと、だいたいの方は、わかったような、あるいは、だからその心の繋げ方を教えてほしいのです、と困惑したような表情をされます。

私はその都度、わかりやすい説明には程遠いのですが、一生懸命に話を続けます。

では、障がいをもっていないとされる私たちは、聞こえる言葉を通して、あるいはメールを送信し合うことで、心と心を繋げられているのでしょうか。つまり、人と人とが心と心で理解し合うことの難しさは、言葉で会話できる私たちが一番よく知っているはずなのです。

それと同じように、仲間たちのこともマニュアルがあるわけではありません。この答えが正解というものはないのかもしれません。でも、だからといって私は、このことで消沈し、あきらめようとはしません。仲間たちとの日々の中で、仲間たちがその答えに向かって導いてくれるからです。

仲間の陽菜《ひな》さんは呑気症《どんきしょう》という病気をもっています。この病気は息をたくさん吸い込み過ぎて、お腹が張ってしまう病気です。楽しいことをすると興奮し、たくさん息を吸ってしまいます。喜べば喜ぶほど笑顔も膨らみますが、お腹も大きくなっていくのです。それに加えて陽菜さんは、腸の働きが弱く、すぐに腸閉塞《ちょうへいそく》を起こしてしまいます。空気がお腹や腸に溜《た》まったままで外に出ないと、激痛に苦しみ、すぐに病院へ行き、おしりから管を入れて空気を抜き出してもらわなければいけません。

　このような陽菜さんとどのようにして日々を過ごしていくのかが、私たちの課題です。陽菜さんの笑顔を保ちつつ、それでも興奮をできるだけ抑えなければなりません。病院にその都度行っていたのでは、陽菜さんの身体に負担をかけることにもなります。

　冬の寒さは、腸の働きを弱めます。陽菜さんにとって良い条件ではありません。一日をどのように過ごすか、食事はどんなものが良いか、排尿便の状態はどうか、いつも陽菜さんのことを皆で相談します。少しでも身体を動かしたほうが良いので、十分に温かい服装をして、職員の松田さんが陽菜さんと毎朝いっしょに散歩をします。二人の口からは白い息があがります。道行く人たちに出会うと、お互いに「おはようございます」と、元気な声が響きます。散歩中の犬も嬉しそうです。もちろん陽菜さんのまなざしも輝いています。そして、野原の上を歩くと、この寒い冬、凍った地面の霜を踏むたびに「サクッ　サクッ」と音がするのです。

　ある日、「この音がするたびに陽菜さんが嬉しそうな顔をするのです。その時は空

一歩一歩笑顔が合わさる散歩の時間です

気を呑み込み過ぎることなく、笑顔がいつまでも続くのです」と、いっしょに歩く松田さんは嬉しそうに、さらにその音について発見したことを続けます。「私は、陽菜さんといっしょに歩きながらこのサクッ、サクッという音はものすごく優しい力をもっていて、陽菜さんの腸に、とても良い影響を及ぼしているような気がするのです」

松田さんの発見が正しいのかどうかはわかりません。それでも私はそこに祈りを感じます。（この踏みしめる音がどうか陽菜さんの腸に優しく響き、良い作用を与えてくれますように）と、生命《いのち》を守ろうとする松田さんの祈りを感じるのです。

冬の冷たい空気の中、白い息をあげる二

人を厳しさではなく、温かさが包んでいるようでした。サクッ、サクッ、という音と、そのたびに湧き出る陽菜さんの笑顔、そして、祈り。だれも目に見える言葉を気にしていません。今を生かされている喜びが二人を包んでいるだけです。そして、このことで、共に前進していく希望が芽生えたのなら、陽菜さんと、松田さんの心と心は繫がっているのです。


障がいがある人、ない人と、付き合い方を思い煩《わずら》う前に、すべての人に優しい気持ちをどんなときもあきらめずに持ち続けようと、日々を歩いていくのです。

知能に重い障がいをもつ仲間たちとの日々の中で、目と目が合わない時があります。それでもふと顔を向けたとき、ほんの一瞬なのですが、確かに笑顔が合わさる瞬間があります。そこには煩いはありません。優しい気持ちだけがあります。

そして、その時こそがすべてです。私たちは心と心の繫がりに、喜びに満ちあふれるのです。

3　紬《つむぎ》がしゃべっている夢を見たのです

私たちが生活をする止揚学園のある滋賀県には大きな琵琶湖があります。七歳で入園し、三十二年間、共に生活していた紬《つむぎ》さんが神さまのもとに召されて十年がたちました。紬さんのご両親は召天された日に、毎年私たち職員をご自宅に招待してくださいます。ご自宅は古くから琵琶湖岸に栄えた町にあります。その日は雲ひとつない晴れた日で、湖面がキラキラ輝いていました。そんな美しい湖に心を奪われないよう運転に集中し、紬さんのご自宅に向かったのでした。

紬さんの笑顔の写真でいっぱいの部屋で、あの時はこうだったとか楽しく話している途中で、お父さんがポツリと言われました。

「この前、紬がしゃべっている夢を見たのです」

その続きの言葉を待ちましたが、それ以上は話されませんでした。だから、この一

止揚学園のみんなで遠足へ
（写真中央・帽子をかぶっている子どもが筆者）

言が私の心に残ったのです。

紬さんが止揚学園で生活をしていたころ、学校の先生をしておられたお父さんは、「教壇に立つと、セーラー服を着た生徒たちを前にして、紬もこの中にポツンと一人座っていてくれるように思ったものです」と微笑《ほほえ》みながら話してくださいました。そのときのお父さんは今の私と同じくらいの年齢でした。

ご両親は毎年、紬さんのアルバムを見せてくださいます。一枚の写真が貼ってあるページまでくると、いつも同じ話になります。

「この時はよくやってくれましたね」

「私はまだ学生で、怖いもの知らずでしたから」

「突然思い立って、紬のことを話してくれたのでしょう」

紬さんと私は同じ歳で、町の主催する成人式もいっしょに参加しました。紬さんはてんかん発作をもっていましたから、ご両親も同行しておられました。

式が進み、記念撮影を残すのみというときに、私は何だか心の中が熱くなってきて、抑えようとするのですが我慢できなくなり、一人、皆が撮影のため移動しだした舞台で大きな声で話し始めたのです。

「待ってください。私は大切なことから皆さんが目をそらしているような気がするのです。きょう、私は、止揚学園でいっしょに大きくなってきた紬さんと来ました。紬さんは言葉を話すことは確かに難しいのです。でもこの二十年間、私たちと同じ時を歩んできたのです。きょう、ここにいる皆さんは、電車に乗るとき、ご飯を食べるとき、映画を見るとき、学校に行くとき、それは私たちにとって当たり前のことですが、どうしても一人では社会の流れについてくることができない人がいることを知り、共に歩もうとする社会を築いていってほしいのです」

その場にいた人たちは、呆気《あっけ》にとられ、気まずい雰囲気が流れました。そして何もなかったかのように撮影のための移動の続きを始めるのです。私は、自分がしてしまった行動に、どんどん落ち込んでいくのでした。
あのとき、紬さんのご両親は私を励ましてくださいました。
「生くん、ありがとう。紬のことをみんなに話してくれて」
その優しい言葉にうつむいてしまうのでした。
紬さんはそんな私を見つめながら笑っていました。
紬さんの赤いコートが冬の冷たい空気に温かく映えていました。
あれから三十年たった紬さんの部屋で、お父さんの一言が私の胸に深く刻まれました。
「紬がしゃべっている夢を見たのです」
今まで何をしてきたのだろうかと心をえぐられました。
成人式での行動は若気のいたりだったと忘れようとしていた私。
紬さんのことを愛し続けてきたご両親。
ご両親は二十歳の私に「ありがとう」と言ってくださっていたのです。
(今、その気持ちに応えられているのか)と激しく自問しました。すると、知能に重い障がいをもつ仲間たち一人ひとりの笑顔が見えてきました。そして、私たちを温かく包んでくださる神さまの光を感じたのです。そこにいるのは、二十歳の学生だった私ではなく、神さまが与えてくださった仲間たちとの出会いを感謝する自分でした。すべての生命《いのち》が等しく尊いものであることを仲間たちから教えられている私でした。

「いつでも止揚学園にお越しください。紬さんはきょうも止揚学園で、すべての生命を守ろうとする社会が必ずやってきますと、私たちを励ましてくれています。今も紬さんと私たちはいっしょです」

そうお別れの挨拶をすることで、ご両親のお気持ちに少しでも寄り添うことができたらと神さまに祈るのでした。

（紬さんは何回もこの道を通ったのだろう、そのときも琵琶湖はこんなに美しかったかな）

帰路、私は一瞬心を奪われました。湖岸沿いには桜の木が並んでいました。卒業式や入学式の季節はきっと美しいだろうと胸が熱くなるのでした。

4　優しい愛の言葉

今の時代、人々は一歩前に足を踏み出せず、安全な状態にとどまろうと情報検索に時間を費やしているように思います。安全な状態とは、だれもその人を見ておかしいと思われない状態です。しかし情報検索で得るものは、生き物みたいなもので、その都度変化していくため永遠に終わりがありません。気がつけば情報にとらわれ、孤立し、しかし周りの人たちも同じような状態なので、そこから抜け出す必要を覚えなくなっているのです。

なんだか穏やかでない書き出しになってしまいましたが、私は、この時代が、止揚学園の知能に重い障がいをもつ仲間の人たちにとって非常に暮らしにくい時代だと思うのです。

状態が不安定であるために、人と人との関係が、マニュアル化された範囲内でのおつきあいになります。たとえば、嘘や間違いは今の言い方でいうと「アウト」です。でも、すべての嘘や間違いが「アウト」ではないような気もするのです。

学生のころ、インドを旅したことがあります。インドで道を尋ねますと、「知らない」と答える人が少なかったように記憶しています。だからといって知っているわけではありません。ただ「知らない」と答えることで、困っている人の悲しむ顔を見たくないという願いのほうが強かったのだと思います。

現在の社会は曖昧《あいまい》さを排除し、正しいのか間違っているのかを見極めようとします。データ化の波がその象徴です。人の赦し方でさえマニュアル化する時代がくるのではないかと心配になります。でも、心はデータによってとらわれるものではありません。多くの場合、この曖昧さを受け入れることができる心があるから、人間関係は円滑《えんかつ》になります。止揚学園の仲間たちにとって大切なのはマニュアルを超え、相手の気持ちに寄り添おうとする柔軟な心なのです。

「キリストの言葉をあなたがたの内に豊かに宿るようにしなさい」（新約聖書・コロサイの信徒への手紙三章一六節、新共同訳）

二〇一七年度の止揚学園の目標聖句です。ここにマニュアルはありません。しかし曖昧でもありません。

この聖句と向き合い、感謝する心を持ち続けるのかが今、私たちに問われています。

仲間たちとクラシックコンサートを、近くの町に聴きに行きました。

たまにこのような音楽を聴きますと、気持ちまでもがいつもと違うモードに入ります。仲間たちの中でふだん演歌しか聴かない人も、三十年前のアイドルの歌を今もまだ当時の情熱冷めやらずに毎日聴く人も、クラシックの気持ち良い音楽に魅了され、酔わされるのでした。

コンサートが終わり、その帰り路、ウィンドウを見ながら歩いていますと、おいしそうなモンブラン（栗のケーキ）が店先に並んでいました。ふだんならばそのままやり過ごすところでしょうが、この日ばかりはクラシック音楽の雰囲気に包まれている私たちです。隣のラーメン屋さんでなくケーキ屋さんのほうに足が向かいました。

次の日、

「本当においしいボンゴレでした」

彩香さんが嬉しそうに、何度も私たちに興奮して話してくれました。私たちははじ

大好きなモンブラン「いただきます」

め何のことを言っているのか見当がつきませんでした。ボンゴレは、止揚学園の食事のメニューの中でもみんなが大好きなアサリのパスタです。昨日ボンゴレはだれも食べていません。

彩香さんは喜びを共有したいのに相手がキョトンとするので、声を大きくします。

「ボンゴレ、おいしかった！」

「昨日いただいたのはモンブランというのよ」

彩香さんの言わんとすることがわかった職員の田所さんが間違いを教えてあげると、今度は彩香さんがキョトンとする番です。そして、

「英語だからいっしょです」

堂々と胸を張って教授してくれたのです。

ここでは、物事を仕分けし、マニュアル化しようとする現代の兆候は完全に無視されていました。でも、心を強くし、心を一つにする響きがあるのです。

田所さんは笑いだしてしまいました。みんなもこのおおらかさに温かい笑顔に包まれるのです。

厳密にいうと、彩香さんは間違っています。それでも知能に重い障がいをもつ仲間たちの発する言葉にはあふれんばかりの優しい愛があります。その言葉からいくつの愛の結晶を見いだすことができるかは、私たち次第です。

情報にとらわれ、孤立し、足を踏み出せない状態でいるよりも、私は、仲間たちの笑顔のうちに語ってくれる心の言葉に耳を傾け歩むものでありたいのです。

5　神さま、ニコニコ笑ってはる

映画「沈黙」のことが車のラジオから流れてきたのは、止揚学園の知能に重い障がいをもつ仲間たちと聖日礼拝に向かう車の中でした。私たちが通う日本基督教団能登川教会は、歩いて十分ほどのところにありますが、その日は雨が降ってきたので、歩くことが難しい人は車で行くことにしました。歩いていると、新たな出会いや発見がありますが、車も結構楽しいものだよと備え付けのラジオをつけてみたのです。ラジオは、短く映画「沈黙」の解説と上映場所、時間を知らせ、次の話題に移っていきました。そして仲間たちの好きな音楽が鳴り始めました。

みんなを車から降ろし、礼拝が始まるまでのほんの少しの時間、私の心に残る古い想念が頭の中をよぎりました。

私は小学校を卒業後、中学生時代をヨーロッパで過ごしました。

当時、日本では養護学校義務化という政令が施行されようとしていて、止揚学園の知能に重い障がいをもつ仲間たちは町の学校に通うことが難しくなりつつありました。

止揚学園に勤める私の両親はこの政令に反対していました。そのため、止揚学園を出発地とし、東京の当時の文部省まで歩くというデモ行進が行われました。たくさんの人たちが参加しました。私も「子どもの笑顔を消さないで」と書かれたプラカードを手に、歩いた記憶があります。

そんな状況下での渡航ですから、私は大切な使命を託され、留学すると、自分勝手に思い込んでいました。そこにこそ、知能に重い障がいをもつ仲間たちと共に歩む、理想の教育があると信じていたからです。

どちらかといえば厄介な十二歳、それが私でした。

まず英語に慣れるため、イギリスの語学学校に入学しました。その日からサウジアラビア、イラン、ポルトガル、スウェーデン等、いろんな国の子どもたちと時を同じくするのです。

はるかかなたのアジアの小さな島国で起こっている日本の教育問題に関して私は一

番詳しかったのですが、国と国の文化の違いや、ましてイラン革命の真っただ中だったころの世界情勢のことなどほとんど知りませんでした。

本意でなく留学している子どももいました。子どもたちなりに、背負わなくてはならないものがあり、私が背負っていた荷物はその中で、主流ではありませんでした。私は、英語が堪能でないことを理由としてでなく、止揚学園の仲間たちのことを言葉に出すことが少なくなっていきました。


能登川教会で、『沈黙』で書かれている棄教とは、あの時の感じなのかと、礼拝堂の窓から雨模様を眺めていました。五十のいい歳をした男が、感傷にひたっているさまを思い、さすがに恥ずかしくなり、私ごときがわかるものではないと想念を断ち切りました。前奏のオルガンが鳴り始めたことも救いでした。

仲間たちが礼拝の中で楽しみにしていることの一つが聖餐式《せいさんしき》です。

能登川教会で出されるパンとブドウジュースは他の教会に比べて大きく、量が多いような気がします。仲間たちは、イエスさまの身体《からだ》と血を早くいただきたくてしかたがありません。神聖なる静寂の中、パンのムシャムシャ、ブドウジュースのゴクゴク

日本基督教団能登川教会　愛餐会の様子

という音が礼拝堂に響きます。時には、「イエスさまの身体《からだ》、おいしかった」と声に出して言う人もいます。このときばかりは、礼拝堂に笑みがこぼれます。この笑みの瞬間に私は、イエスさまを柱としてそこに集う皆が、家族になれたような気がするのです。そしてこの瞬間に神さまの沈黙ではなく、優しい微笑《ほほえ》みが感じられます。

この瞬間、国と国の違い等どのような意味があるのかと考えます。私はこの礼拝堂にあの留学していた頃の子どもたちの笑顔も見いだすのです。そこにあるのは、文化の違いでもなく、世界情勢でもなく、生命《いのち》の繋がりです。

気がつけば、十二歳の私が背負っていた

荷物は降ろされ、解かれていました。

聞こえない心の言葉を大切にしていく歩みの中で、仲間たちの温かい笑顔に出会うたびに、見つめるその先に神さまがいてくださるように思います。その神さまは沈黙しているのでなく、微笑んでいてくださいます。

仲間たちとの祈りの時に、障がいをもつ者とかもたない者とか、国と国の違いとか、そのような区切りはなくなり、すべての人に神さまが与えてくださった温かい生命の部分で結びついていることに気づかされます。その喜びの時に、嬉しそうな声が礼拝堂に響くのです。

「神さま、ニコニコ笑ってはる」

仲間たちが神さまの沈黙を解いてくれるのです。

6　大丈夫。心配することはないですよ

今年は止揚学園の職員の子どもたちから小学校、中学校、高等学校と、それぞれに新一年生が誕生しました。入学式の日には子どもたちが、知能に重い障がいをもつ仲間たちのところに来て、元気に挨拶し、仲間たちは嬉しそうに笑顔で送り出してくれました。

季節はめぐり、新一年生たちも新しいランドセルや制服にもなじんできたようです。歩く姿も軽やかです。私はそんな子どもたちの通学景色を窓から眺めていました。

止揚学園の前の道は、私が子どものころは砂利道でした。車が通ると砂ぼこりがあがりました。私たちもこの道を毎朝通いました。そのときには、砂利を靴で擦《す》りながら、わざと砂ぼこりを立てて。

私たちというのは、止揚学園の障がいをもつ仲間たちもいっしょということです。

今から四十五年ほど前の話です。当時、私は町の保育園、仲間たちは小学校に通っていました。

保育園と小学校は同じ場所にあり、そこに行く道は二通りあり、私たちは毎朝競争することにしていました。

「純奈ちゃんたちはこっち、ぼくはこっちの道行くからね」

いくら走りたくても、走ってはいけないというルールも決めました。

しかし私は、純奈さんたちが進んで行き、見えなくなると、一目散に走り始めます。

そして先に着いて、みんなが早歩きでやって来るところを向こうに見つけるのです。

「純奈ちゃんたち、遅いな」

「るーちゃん、本当に早いな」

純奈さんは毎朝決まって私のことを褒《ほ》めてくれるのでした。私は褒められることが嬉しくて、走ることをやめられませんでした。今思うと、純奈さんは競争することより、私の喜ぶ顔を見ることのほうが嬉しかったのかもしれません。

その止揚学園の前の道を通って、たくさんの方々が訪ねて来られます。

先日、障がいをもつこの子と、これからどのように生きていけばよいのですかと、疲れたように一人のお母さんが来られました。私は（心はいつもいっしょです）と精いっぱいお答えしました。最後に、お母さんの疲れたお気持ちを少しでも和らげてあげたいと思いました。

「大丈夫ですよ、心配することはないですよ」

この言葉がそこまで出かかり、声になりません。

私は、お子さんが成長していく過程において、親子が選択し、これから立ち向かっていかなければならない様々な事々を思うときに、言葉を失うのです。お子さんが就学する年齢になり、ご両親が町の学校に通わせることを選んで、学芸会などみんなと動きを合わせなければならないとき、たとえば笛が吹けなかったとしても、少しテンポを遅くしてみようと、いっしょに演奏ができるよう生徒を導いてくれる先生に出会えますように……と願い、祈るのです。

ほんの少しの心の分け合いでよいのです。大切なのは純奈さんの時の競争のように結果ではなく、心を合わせようとする思いをあきらめないことです。

知能に重い障がいをもつ仲間たちとの現在、皆は歳を重ね、学校に通うことは昔日《せきじつ》

織田信長の時代から続くお祭りです

のこととなりました。それでも私たちは心を合わせようとする思いをあきらめません。なぜなら、仲間たちと共に歩む日々はこれからも続き、神さまのところに皆で帰って行こうという理想がきょうも希望と共にあるからです。

今年も近くの町のお祭りに皆で出かけて行きました。お祭りでは短冊型の細長い赤い紙が幾重にも重なり、風になびきます。風に吹かれ、皆の笑顔も輝きます。
去年も、その前の年も、もっと前の私たちが子どもだったころも、同じ場所にみんなの笑顔がありました。あの時は止揚学園の前の道を車を連ね、ウキウキとした気分を乗せ、砂ぼこりを立て出発しました。笑顔はいつも変わりません。いったい時間はめぐっているのだろうかと錯覚してしまいます。

人はいつも、未来のことを考え悩み不安になります。でも、止揚学園の仲間たちは神さまから与えられたその時を感謝し、愛します。神さまは悩みや心配事を忘れさせてくださるのでなく、それ以上にみんなを優しく包み込んでくださるのです。

仲間たちの見えない言葉が、神さまの優しい光に包まれていることを教えてくれるかぎり、

「大丈夫、心配することはないですよ」

私は、その言葉を力強く語れることに気づかされるのです。玄関を出ようとするお母さんとお子さんに、その思いが初めて声になるのです。

振り返られたお二人の笑顔の輝きが今もこの道に残っています。

7　真剣に生きているのか

止揚学園の知能に重い障がいをもつ仲間の孝雄さんは、会話を交わすことが困難です。いつもニコニコしていておとなしいのですが、ときどき思い出したかのように、簡単な言葉を大きな声で発します。そのタイミングが絶妙なのですが、その場の雰囲気に見合うものでないため、初めての人は呆気《あっけ》にとられてしまいます。それでも孝雄さんのことを知っている私たちは、おかしさが込み上げてくるのです。

以前、止揚学園で大きな行事があり、来賓《らいひん》の方のご挨拶がありました。マイクを前に話し出そうとしたその時、絶妙のタイミングで孝雄さんが「おわり」と言い放ったのです。孝雄さんのことを知っている私たちにとってはいつものことですが、初めての方にしたら出鼻をくじかれ、ショックなことだろうと思います。

「孝雄さんは何も悪気がないのです。ただ、孝雄さんの話せる言葉はあまり多くな

琵琶湖畔のキャンプ場にて。「手作りの弁当は最高!!」

くて、その中の一つが『おわり』なのです。今の『おわり』は『まってました』という、ご挨拶をされる方への励ましの言葉と私たちはとらえています。ですから、どうかお気を悪くされないでください」

こう説明すると、「わかっていますよ」と、快くご挨拶を始めてくださいました。


夏になると、止揚学園ではたくさんの行事が目白押しです。ホタルを見に行くこと、七夕、プール開き、キャンプ等、打ち合わせのための職員会にも熱が入ります。集中しすぎ、休もうとしたとき、

「真剣に生きているのか」

孝雄さんの声が聞こえてきたのです。こ

のタイムリーな発言に、休むことなどとんでもないと、再び背筋をぴんと伸ばし、職員会を続けることになりました。

穏やかで優しい孝雄さんの表情と、厳格なその言葉はミスマッチです。そのことに気づけば、またおかしくなり、職員会が明るい雰囲気に包まれます。孝雄さんがその言葉をどこで覚えたのかわかりません。昔よく会話に出てきたのでしょうか。年配の職員の村松さんに尋ねてみると、「そうですね。当時はそんなことをよく言っていたのでしょうか」と懐かしそうに言いました。

止揚学園は設立されて五十五年が経ちました。村松さんは四十五年在職しています。村松さんが職員になった年には、もう孝雄さんは止揚学園で生活していました。既成の価値観に抗《あらが》おうとした、当時の時代的な気運を、二人は共に経験してきたのです。

私の子ども時代の目に映った止揚学園の人々から想像して、（本当に自分たちは知能に重い障がいをもつ仲間たちと共に生きているのか）ということを問うたのがこの言葉だったと思います。

最近、しんどさが伴うこんな言葉を人々は口にしなくなりました。

「無理をせず、自分のできる範囲でいいから」

今の日本の社会は、どちらかというと、こっちの言葉のほうをよく聞き、話します。心が疲れたときに安らぎを与えてくれる大切な言葉です。しかし、それとは別に違ったものを感じることがあります。他人に対する無関心さという現代的気運といえばいいのでしょうか、この言葉を字義的に受けとめ、自分のしんどさを放棄したとき、希望は失われるのです。

だからこそ、社会の中で弱い立場に立たされている人たちと共に歩もうとする姿勢だけはあきらめない、共に前進していこうと一歩を踏み出すことに勇気が必要な場面において、安らぎを与えてくれる言葉であってほしいのです。


止揚学園の仲間たちと共に歩む私たちにとってのしんどさとは、（しんどさという言葉が適切でないとしたら、重荷といえばよいでしょうか）社会の中で弱い立場に立たざるをえない人たちを生み出しているのがほかならぬ私たちであるということです。この重荷と真剣に向き合わない時代は本当に恐ろしい時代です。

先年、「重度障がい者は生きている意味がない」と尊い生命《いのち》が奪われる悲しい事件がありました。はたして私たちはそんな時代の到来を、「無理をせず、自分のできる範囲でいいから」と、自らの責任と真剣に向き合わずに回避することができるのでしょうか。

しんどいことの中にこそ真実があるのです。

自らの責任と向き合うことは、無力な自らに気づかされることです。そんなときにこそ、イエスさまのみことばが明るい光となって聞こえてくるのです。そんなときにこそ、イエスさまのみことばを私たちは生きることができるのです。

孝雄さんの叫びは空虚に宙を舞っているのではありません。その叫びは、私たちをイエスさまのみことばのほうへと向かわせてくれる祈りなのです。

8　優しい手、安らぎの言葉

止揚学園の知能に重い障がいをもつ仲間の賢人さんが、六十歳を迎え、還暦のお祝いをすることになりました。

夏になっても朝晩は冷えるので、私たちは真っ赤な布でひざ掛けを作り、「六十歳の誕生日おめでとうございます」と刺繍して贈ることにしました。

賢人さんは腰の骨を悪くし、車いすの生活が続いています。設立当初、止揚学園は、今のように成人施設でなく、知能に重い障がいをもつ子どもの施設でした。そのころに賢人さんは止揚学園に入園してきたのです。

賢人さんにはてんかん発作があります。なんの前触れもなく、突然激しい痙攣《けいれん》に襲われるのです。賢人さんのてんかん発作のことで、私には今も心に残っていることがあります。

私は職員の子として止揚学園で生まれ、知能に重い障がいをもつ仲間たちといっしょに成長してきました。私がまだ小学生のころ、京都の梅小路《うめこうじ》の博物館に機関車を見に出かけました。賢人さんもいっしょでした。一日を楽しく過ごし、帰り路の足取りも軽かったのです。その時、賢人さんが突然てんかん発作を起こしたのです。気がつけば賢人さんと男性職員が、アスファルトの上をゴロゴロ転げ回っています。男性職員は、激しく痙攣を起こしている賢人さんを抱きかかえようと必死でした。周りにたくさんの人が集まって来ました。

「知恵遅れが発作起こしてるで」

当時は、そのような心ない言い方をする方がおられました。人々の中には心から心配してくれている方もおられたはずです。しかし私が気になったのは、興味本位な視線、笑っている方々の視線でした。

社会にはこのような人たちもいるのだという挫折感は、羞恥心へと変わっていきました。本来なら私はいっしょになって、男性職員と賢人さんの生命《いのち》を守ろうと心を一つにしなくてはならなかったのかもしれません。けれども、恥ずかしさのあまり、近

くのバス停の中に隠れてしまったのです。バス停の中で外部の気配をうかがっている
うちに騒ぎも収まってきました。突然、賢人さんの笑い声が聞こえてきたのです。賢
人さんは、痙攣発作が終わり、苦しみが和らぐと、いつも大声で笑い出すのです。私
はホッと安心しました。
周りに集まっている人々が、突然笑い始める賢人さんを不思議そうに見ている様子
が思い浮かびました。それでも外の世界が落ち着きを取り戻し、だれもが（あの心な
い言葉を叫んだ人でさえ）安堵した空気に包まれていることを感じました。そのとき、
私はひとりバス停に座っていたのでした。

賢人さんの還暦のお祝いの後、そんなことを思い出していた私に一人の職員が一枚
の写真を置いていってくれました。それは賢人さんが赤いひざ掛けをかけ、その上に
止揚学園の職員の子どもの温君《はる》を抱いている写真でした。二人がニコニコと笑ってい
ました。温君は今年の六月で一歳になりました。私は、写真の中の温君を抱く賢人さ
んの温かい手を見つめるうちに心に熱いものが込み上げてきました。
賢人さんの手と、あのときの男性職員の手が私の中で一つになり、優しく語りかけ

てくれているような思いにとらわれたからです。

「だれもが優しい心をもっているのだから、生命を守ることをあきらめたらだめだよ」

私が逃げ出したのは、恥ずかしさからではなく、いつかは男性職員のように生命《いのち》を守ろうと飛び込んでいかなければならない、いつかは止揚学園の仲間たちの生命と共に歩んでいくことを始めなくてはならない、という自らの未来からだったのかもしれません。

優しい手で温かい生命が引き継がれていきます

生命は、同じ時代に生きる人々の優しい手の中で温められていきます。そして次の時代へと引き継がれます。

今このとき、賢人さんの温かい手に私自身も包まれているような、言い尽くせない安らぎのうちに自らを見いだします。

「私たちは、神さまから赦され愛されているのです」

この安らぎの言葉を言ってくれたのはだれなのかわかりません。もしかしたらあのとき、バス停の中で耳をそばだてていた私にも優しい言葉は語られていたのかもしれません。

人は希望を与えられたとき、はじめて安らぎを得ます。言い換えれば、希望がなければいくら休養したとしても、心の不安はとれることがないのです。

これからも止揚学園のみんなと共に生命《いのち》と真剣に向き合いつつ神さまの光に向かって前進していこう、神さまの光に照らされ、その安らぎのうちに歩んでいこうと胸が弾みます。

9　温かい心がしまわれている場所

韓国で崔恵媛《チェヘイウォン》さんが創立された知能に障がいをもつ人たちの施設「静恵園《ジョンヘウォン》」を、先日訪ねてきました。ソウルから地下鉄と車で一時間ほどの議政府《ウィジョンブ》という町の郊外にあります。崔さんは女性で、四十五年前、止揚学園で実習をし、帰国後、静恵園を作られました。

私の祖父は韓国の人でした。慶尚南道《キョンサンナムド》の南海《ナメ》島《ド》で生まれ育ち、日本に渡って来て、近江兄弟社に勤めることになりました。工場で薬品を作っていたのです。崔さんのお父さんも、近江兄弟社のヴォーリズ設計事務所に勤めておられました。その時からの崔さんと私たちとの心の繋がりです。

「ただいま」「韓国の家に、お帰りなさい」

私が照れているにもかかわらず、崔さんは満面の笑みで強く抱きしめてくださいました。

入園している方々の中の何人かは、崔さんといっしょに止揚学園に来られたこともあります。久しぶりの出会いに懐かしさが込み上げてきます。


祖父は一九〇六年生まれですから、その四年後に韓国は日本に併合されることになります。祖父は長命で百六歳まで生きました。私は積極的に祖父の若いころのことを尋ねることをしませんでした。もっと詳しく聞いておけばよかったと今になって思います。私の育ってきた止揚学園は、障がいをもつ人、もたない人、時にはインドの人、パキスタンの人、韓国の人といろんな方がおられました。ですから、人と違うことが普通の生活の中で、祖父の話し方や生活のさまに韓国の風習を感じることがあっても、あえて祖父に尋ねる必要もなかったのかもしれません。

十年前、祖父の故郷である南海島を訪れ、にんにく畑の中に立ち、祖父の生活の軌跡を遠くに捜しているうちに、頬にあたる風が清々《すがすが》しく、私の中にもこの国の血が流れているのだと思いを膨らませました。

今回私がソウルに行くことを娘に告げると、韓国のアイドルグループのCDを買ってくるようにと頼まれました。とても人気があり、ソウルで先行販売された後、日本でも売り出されるということです。これは、現代の若者の韓国という国の一つのとらえ方です。何の隔たりもなく、微笑《ほほえ》ましい融和があります。ある意味、羨望《せんぼう》さえ感じてしまいます。

明洞《ミョンドン》はソウルの賑やかな繁華街です。それぞれの店舗が流す大音量の音楽と、若者向けの化粧品や衣類が氾濫《はんらん》する中、私はCDを購入しました。なんとなく若者に近づけたようで得意になっていたことも、正直な気持ちです。行き交う人々の中に、たくさんの日本人を見ました。ここは日本統治時代に日本人の居住区だったのです。そんなことを意識している人は何人いるのだろうかとふと考え、そのことと、このことは違うのだ、また私の悪い癖が出てきたと、歩いているうちに、喧騒の中、立ち止まってしまいました。

歴史の中で、私たち日本人が韓国人に強いたことを忘れ去ることはできません。一つの国が一つの国を支配しようとしたとき、どれだけの人々の苦しみがあったでしょうか。人が人を軽んじることによって、軽んじられた人は、その人の親は、その人の

韓国の静恵園の皆さんといっしょに（左上２番目が崔さん）

友だちは、その人と共に歩む人たちは、どれほど心がえぐられたことでしょう。その傷は癒されることはないのです。私は日本人として、このことから目をそらすことや、過去のこととすませることができません。
私たち一人ひとりの心が国を形成しています。一人の心の中には意地悪な心もあります。温かい心もあります。しかしこの温かい心がしまわれている場所を、ときどき私たちは見失ってしまうのです。

静恵園から止揚学園へ帰る日の朝、知能に障がいをもつ仲間たちが笑顔で送り出してくれました。その笑顔に私は思うのです。私たちの中にしまわれている優しい心の場所を教えてくれるのはこの仲間たちなのだ、と。この仲間たちがいるかぎり、私たちは国と国の違いを越えて、神さまの光のほうへ前進していくことができると強く思うのです。

人は、その場所で初めて平和の意味を知ることができるのかもしれません。この思いを崔さんに文章にしてもよいですか、と尋ねました。

「必ず私の名前の前に『美しい』とつけてください。『美しい崔さん』と書いてください」

仲間たちの優しさに包まれて、崔さんはどこまでも明るいのです。

「行ってきます」

「行ってらっしゃい」

崔さんと静恵園の皆様に感謝しつつ、止揚学園に帰って、みんなの笑顔に早く包まれたいと急に胸を締めつけられつつ、大きく手を振り、静恵園を後にしました。

10　楽なほうでなく、しんどいほうに

これまで物事を決めなければならないとき、自分が楽になることを優先し、決定すると、だいたいにおいて良い結果を得られなかったように思います。止揚学園に新しく入園してきた大樹さんのことでも、また同じことをするところでした。

大樹さんとの生活が始まったその日から、止揚学園はいつもと違う雰囲気が漂いました。大樹さんが机をバンバンと叩く音、壁を蹴飛ばす音、そんないつもとは違う音が聞こえてくるようになったからです。止揚学園で暮らす私たちにとって、それは心を悲しませる音でした。なぜなら、知能に重い障がいをもつ仲間たちが日々の営みの中で、私たちに大切なことを教えてくれていたからです。

毎朝仲間たちは廊下の雑巾がけをしてくれます。そして、ピカピカに光る廊下に向

かって、「廊下がニコニコ笑っている」と教えてくれるのです。仲間たちにとって、すべてのものは生きているのです。

生命《いのち》の鼓動という見方からすれば、人間も犬もカブトムシもそこに確かに生き、躍動しているものを感じます。しかし仲間たちは、静かに立つ柱一本一本にまで、生命を見いだします。生きているということは、相手がそこに生命の存在を認めてくれて初めて、そう言えるのではないでしょうか。ですから、仲間たちがもの言わない廊下に生命を認めているとするならば、止揚学園という小さなグループの中にあって、廊下もまたいっしょに生きているのです。机も壁も同じです。

しかし大樹さんがつくり出す、落ち着かない状態は何日も続きました。

「こうなったら、大樹さんが叩いても壊れない頑丈な机に替えようか。壁を強く補強しようか」

こう提案をしたのは私でした。

「それが本当に正しいことなのでしょうか。私たちは今、自分たちが楽になるほうに目を向けているのではないでしょうか」

一人の職員が言ってくれた「正しいこと」という言葉が私の胸に深く刻まれました。

もし頑丈な机や壁を備えたら、叩いても壊れないと安心してしまい、心が大樹さんから離れていきます。それではいけないのです。それは正しいことではないのです。なぜなら、私たちはすべてのものに生命《いのち》があることと、そのことを大切にして心を一つにし、きょうまで歩み続けてきたグループだからです。いつかはこの心に大樹さんも繋がってくれることをあきらめてはいけないのです。

それからは今まで以上に大樹さんと過ごす時間を増やすことにしました。大樹さんが机を壊したら、いっしょに直しました。壁を蹴飛ばしてへこませば、いっしょに張り替えました。そのようなことをしたからといって、次の日から大樹さんが心を開いてくれたわけではありません。感動的なことはそんなに簡単には起こらないのです。イエスさまが私たちを見守っていてくださることを信じ、この試みを一年、二年と続けていきました。


ある日、私のところに二人の職員がやって来ました。そして、なんと結婚すると言うのです。二人はあふれる思いで胸をいっぱいにし、話してくれました。

「私たちは結婚します。仲間たちが私たちの心を繋ぎ合わせてくれたのです。ふつう結婚するということは、別々だった心が一つになることといいますが、二つの心からたくさんの心が繋がっていくような結婚式にしたいのです。止揚学園のみんなに参加してほしいのです。だから結婚式を止揚学園の建物でしたいのです」

二人のその瞳は、仲間たちとの出会いを与えてくださった神さまへの感謝で輝いていました。

この感動を詩にし、メロディをつけ、門出の日に贈ることにしました。

大樹さんがその瞳から涙を流していることに気づいたのは、この歌をみんなで練習しているときでした。大樹さんは言葉を話すことができません。ですから、歌を唄うことも難しいのです。でも、その心で歌ってくれていたのです。美しい涙がそのことを物語っていました。

二人の心がたくさんの心を結びます

「これからも、みんなでいっしょに歩んでいきましょう」

涙が私たちに優しく語りかけてくれています。

（今こそ聞こえない心の声を聴く時なのだ、集中しなければ）

でも、そんなことをしているのは私一人だけでした。その声は、すでにみんなの心の中に響いていたのです。心と心がもう繋がっていたのです。

神さまは、いつも楽なほうでなく、しんどいほうにいてくださいます。その場所で私たちと共にいて、私たちの歩みを優しく見守っていてくださいます。そのことに気づかされ、感謝の熱い涙が私の胸にあふれたのです。

11　きょうから、みんなに優しくします

頬にあたる風が冷たくなると、クリスマスのことに思いを馳《は》せます。私の場合、少し変わっているのは、同時に夏のキャンプのことも思い出してしまうことです。止揚学園の私たちは毎年八月後半に、日本聖公会京都復活教会さまのご好意により滋賀県北小松の琵琶湖畔にある研修所をお借りし、いくつかのグループに分かれて宿泊しています。この行事のことを皆「キャンプ」と呼んで、楽しみにしているのです。

研修所はウィリアム・メレル・ヴォーリズによって八十年以上前に建てられたそうです。中央の広間には立派な暖炉があります。日本の生活様式で育ってきた私たちにとって、暖炉は絵本のように、夢のような印象を与えてくれます。

「サンタクロースさん、煙突から降りて来るかな」

水着に着替えた知能に重い障がいをもつ仲間たちの声が聞こえてきました。

「クリスマスにはまだ早いよ」

松林の間を抜けると、琵琶湖が美しい水を湛《たた》えて仲間たちの目前に広がっていました。

その年のキャンプは研修所の道具をお借りして、バーベキューをしました。仲間たちが楽しみにしていることの一つは、食材の買い出しです。今晩は何を網で焼こうかと、店の中を探して回るのです。秋刀魚《さんま》が「新物」とシールを貼られて並んでいました。炭火で焼かれ香ばしい香りを放つ秋刀魚の美味しさに、仲間たちは大満足でした。この班は、グループごと順番に出かけたキャンプの最終の班でした。

この頃には夜の心地よい涼しい風に、秋の気配さえ感じられました。次の日は車に乗り、福井県の敦賀に向かって出発しました。

敦賀は、一九四〇年から四一年にかけてユダヤ人難民が上陸した日本で唯一の港町です。難民が上陸した際の資料を展示する博物館「敦賀ムゼウム」があり、ユダヤの人々の町での様子を記述したエピソードの数々を読むことができました。

私は一つ一つ、仲間たちにもわかるよう説明しました。

ユダヤの人たちは住む所がなかったので、困っていました。時化《しけ》の続く冬の寒い日本海を船に揺られながら敦賀までやって来ました。敦賀の人たちは、初めて見るユダヤの人たちを温かく迎えたそうです。お腹もすいていたのでリンゴを手渡し、お風呂も用意してあげました。ユダヤの人たちは生命《いのち》からがら逃れて来たので、心から安心して休むことができ、希望が湧いてきたそうです。

皆に話をしているうちに、歳を重ねた一人の女性が赤い服を着て街中《まちなか》を歩いていたという記述にいきあたりました。日本人は当時そのような真っ赤な原色の色を着ることがないので、子ども心に記憶に残っていたというエピソードです。

人が人に生きている意味がないと生命を奪おうとする、苦しく悲しい状況からの脱出でした。敦賀の地で、その女性はひと時の安らぎを得られたのかもしれません。私は、身体一つで、手に何の荷物も持たず、黙々と歩き続ける歳を重ねた女性が、暗い服装ではなく、原色の真っ赤な服を着ていたことに、生命そのものが一瞬の明るさを取り戻したような印象をもちました。

けれどもきょうも、人の生命《いのち》は人によって奪われ続けます。この現実に、生命は儚《はかな》く、生きていくことの苦悩に、心を圧せられてしまいます。

サンタクロースさん、今年も会えて嬉しい！（止揚学園おがたホール）

そんな私のことを知ってか知らずか、障がいをもつ仲間たちはどこまでも明るく、「きょうから、みんなに優しくします」

自分たちも敦賀の人たちと同じようにしようと、笑顔で言ってくれたのです。すべての生命《いのち》を素直に優しく見つめるまなざしが、ここには確かにあり、そのまなざしが私に向けられたとき、再び希望が胸にあふれてきました。

敦賀から鉄道で各地へと旅立って行ったユダヤの人々は、特別に難民用の車両が用意されたわけでなく、一般車両に乗って行ったそうです。私たちはきょう電車に乗っていて、隣に座っている方のことを知る由《よし》もありません。けれども、人はそれぞれに深く、尊い歩みを背負っているのです。

季節は巡りました。しかしキャンプのとき、「きょうから、みんなに優しくします」と言ってくれた仲間の笑顔は心に残っています。それが「きょうも」でも「きょうこそは」でもなく、「きょうから」だったからこそ、日々新たに暖炉に薪《まき》がくべられるように、私の心は毎日励まされ、「共に」の歩みを一歩前進させていくことができます。この一歩に未来への不安はありません。きょうこの時、神さまが守ってくださることへの感謝があるのです。

仲間たちは一年を通して、心の暖炉に薪をくべてくれます。この暖炉が最も温かくなったとき、みんなの心が優しさで満ちあふれたとき、気がつけばクリスマスがもうそこまでやってきているのです。

12　問う歩みでなく、信頼する歩みを

私は純奈さんのことをどのように話し始めればよいのかと考えています。人の歩んできた軌跡は尊く、神さまが与えてくださった温かい光に包まれ、私たち人間には測り知ることのできない美しさに満ちあふれているからです。

純奈さんが神さまのもとに召されていった夜は、驚くほどの月明かりで、すべてが照らされていました。もう日が昇ってきているのかと勘違いしたほどでした。その光に照らされ、病院で純奈さんは穏やかな面持ちで、旅立っていきました。その面持ちがあまりにも優しかったので、私は、ひとりで旅立っていったというような一抹の寂しさを感じることなく、先頭に立って、私たちの歩みを今までどおり歩き続けてくれているような、そして笑顔で私たちを神さまの光のほうへ導いてくれているような、そんな気持ちになりました。

そうした純奈さんを見つめながら、ふとこんなことを問いかけていました。

「この出会いは、純奈さんにとって幸せでしたか」

純奈さんには知的に障がいがありました。六歳で入園し、昨年、腫瘍が見つかり、召されるまでの五十年間、止揚学園で生活してきました。もし純奈さんに障がいがなかったなら、別の人生があったのかもしれません。人はそれぞれに自分の人生を選びます。でも純奈さんの場合は、選択肢が少なかったのです。

人が心豊かに生きていくことができる大事な要件として、出会いは大切です。人は世界のすべての人と出会うことはできません。限定されたそれぞれの歩みの中で、人と人は出会います。その中で、純奈さんと私たちは止揚学園で出会いました。私はこの出会いを与えてくださった神さまに感謝します。もし純奈さんに出会っていなかったら、今とは違う考え方をし、生き方をしていたのかもしれません。私は、静かにベッドに横たわる純奈さんに問い続けました。「純奈さんが背負ってきた悲しみとともに歩もうとした私たちだったのか」「心と心を合わせようとした日々を純奈さんも喜びのうちに受け入れ、共に歩んできてくれていただろうか」

その前日、私は病室にいました。ひとときあまりにも静かに純奈さんが眠っていたものですから、胸騒ぎがして「純ちゃん、純ちゃん」と声をかけました。その呼び方は、私たちが子どもだったころのものでした。

子どものころ、純奈さんは私にとって、お姉さんのような存在でした。私の乗っている乳母車を押してくれたりもしました。私は一瞬、その呼び方に甘えを感じ、しっかりしなくてはと、「純奈さん、純奈さん」と呼び直しました。その声に純奈さんは目を開けてくれました。ホッとしたと同時に、お祈りを今しなければならないと感じました。

「天の神さま、今このとき純奈さんといっしょにお祈りをささげられますことを感謝します」

その瞬間、私の中に純奈さんといっしょに生きていることの喜びが、これまで感じたこともないほどにあふれました。私はお祈りを続けました。形式にとらわれたお祈りを思う以前に、純奈さんがわかりやすいように、無我夢中で声にしました。

「神さまは優しいお方です。いつも優しく純奈さんを守ってくださっています」

そのお祈りに純奈さんは、ウンウンとうなずいてくれました。純奈さんがうなずい

思い出に残る純奈さんとの最後の旅行でした

てくれたことで、そこに確かに神さまが私たちとともにいてくださることを感じたのです。私ひとりでは感じることができなかったかもしれません。

私はその日まで、純奈さんが背負ってきた悲しみの責任は私たち一人ひとりにあり、私が純奈さんに寄り添っていかなければならないと思っていました。しかし本当はそうではなく、純奈さんのほうが私に寄り添ってくれていたことに、私にウンウンとうなずいてくれたことで、気づかされたのです。

そのことを知ったとき、限りなく温かいものに包まれているような安らぎから、熱い涙があふれてきました。

その涙の温もりがまだ残っていることを知りつつ、純奈さんが息を引き取ったそのとき、私は問うことをやめられませんでした。純奈さんは穏やかな面持ちで遠くを見つめていました。もう答えてくれることのない純奈さんを前に、その涙の記憶が私に大切なことを教えてくれました。

「問う歩みでなく、信頼する歩みをしていきましょう」

純奈さんは私のことをずっと信頼してくれていたのだと、さらなる熱い涙があふれてきました。


すべての人生には限りがあります。しかし私たちは限りある人生の中で、美しいものを求め、その美しさに涙します。それは、神さまが私たちに与えてくださった贈り物です。

その贈り物に私は涙するのです。

13　生命《いのち》の温《ぬく》もり

去年の秋のある日、私はバスの車窓からいくつもの鉄橋と、鉄橋を彩る美しい紅葉に見惚れていました。岩手県の盛岡から宮古へ向かう途中でした。止揚学園のことを長い間支え、励ましてくださる方が盛岡にお住まいで、私の講演会を主催してくださったのです。私の連れ合いが宮古出身で、せっかくここまで来たのだからと、その方が宮古へも足を運ぶよう勧めてくださいました。

バスはゆっくりと進み、二十五年前初めてこのバスに乗ったときのことを思い出しました。それは結婚の挨拶に行った日でした。緊張のせいでしょうか、車窓からの景色は遠い所からやって来た私に、どことなくアウェイな雰囲気を醸《かも》し出しているようでした。

あれから年月が過ぎ、この景色も今では心に安らぎを与えてくれるものになってい

乾いた洗濯物からは優しいお日さまのにおいがしてきます

ました。東北の早い冬がもうそこまでやってきていることを、雨に打たれ、秋色に染まった木々たちが優しく私に教えてくれるのでした。家々の煙突からは薪を燃やす煙が上がっていました。私は、人の心は閉ざしているときと、開いているときでは、受ける印象が違って見えるものなのだと、つくづく思いました。きっと二十五年前もこの木々や、家々は私に優しく語りかけてくれていたのでしょう。

そう気づかされながら、ふと、先日いただいたお手紙に思いを馳《は》せました。手紙は止揚学園に入園している康太さんのお母さんからのものでした。

康太さんは五年前に入園してきました。私が小さいころからいっしょに成長してきた知能に重い障がいをもつ仲間たちからすれば、ずっと新しい仲間です。康太さんには、どちらかというと人と関係を積み上げていくことが難しい傾向がありました。

入園してから三年ほど経ったある日、嬉しそうにお母さんが話してくださいました。休み中、家で康太さんといっしょにご飯を食べたとき、以前なら食べ終わって、さっさと自分の部屋に行ってしまうのに、今回はお母さんの食事が終わるまで待っていてくれたというのです。止揚学園の食事の時間はお祈りで始まり、みんなで手を合わせてごちそうさままで終わります。ある人はひとりで食べることが難しいので職員が横に座り、ゆっくりと食べ物を口に運んであげます。長い時間が必要です。しかしそこには尊い生命《いのち》との対話があります。その対話は康太さんも含め、そこにいるみんなを優しく包みます。止揚学園で、ゆっくりとしか食べられない人ともいっしょに食事をするなかで、康太さんも自分ひとりではなく、他者とともに時を過ごすことの尊さを感じてくれたのかもしれません。

それから時を経て、先日いただいたお母さんの手紙にはこんなことが書かれていました。

今回冬休み、康太が帰宅しまして、びっくりしました。靴下が繕《つくろ》ってありました。何だか見ていていてウルウルしてしまいました。「靴下に穴が開いたから補充してください」と言われれば、何も思わずに新しいものを持参すると思うのですが……。止揚学園で大切にしておられる「どんなものにも生命《いのち》がある」ということは、「これなんだ！」と思い、これからは私も生命ということを考えながら生活していこうと思えました。

止揚学園の知能に重い障がいをもつ仲間たちは、人間や自然はもちろん、普段履いている靴にも、茶碗にも、生活している建物にもすべてに心がある、生命があると思っています。ですから、靴のかかとを踏みながら歩いている人を見ると、「靴が痛い痛いって泣いているよ」と教えてくれます。廊下を毎朝雑巾がけし、ピカピカになると、「廊下がニコニコと笑っています」と心に温かい炎を灯してくれます。
人間も同じです。そこに優しい心がある、温かい生命があると、相手から心を注がれることで初めて生きていくことができるのです。

その職員は手にしている靴下に確かな生命の温《ぬく》もりを感じ、靴下の穴を縫わなければ、そこから温もりがこぼれてしまうように思ったのでしょう。温もりはこぼれることなく、康太さんのお母さんに届けられました。

「すべてに生命があります」

この思いがきょうも、止揚学園で活き活きと息づいていることに、私は心から神さまに感謝するのです。

気がつけば、バスは宮古の市街に入っていました。

心を開いたとき、すべてに生命を見いだすことができる、そう気づかせてくれた木々や家々をもう一度思い出しました。イエスさまのみことばもそうなのかな、心を開いたとき、いつもそこに変わることなく優しく語られているのだと、そう考えたときにバスが到着しました。

14 ここがみんなにとっての家だから

「どうして止揚学園の人たちはあんなに落ち着いて食事をすることができるのですか」

止揚学園に見学に来てくださったお客さまがそんな質問をされました。その日は各テーブルで鍋を囲み、みんなで温かい食べ物を、気分も温かくしてお客さまといっしょにいただきました。

「ここがみんなにとっての家だからです」

私はそのようにしか答えられませんでした。

「一人ひとりのケースに応じて、食べ方のマニュアルを策定し、職員が対応しています」とお答えすれば、お客さまも、温かさは感じられませんが、一応はうなずいてくださったかもしれません。そのとおりです。しかしそれだけで、知能に重い障がいをもつ仲間たちが落ち着いて、笑顔で食事の時間を過ごしてくれているとは思えません。食事の時間に限らず、一日を通して、何かが息づいているように思います。それは、1＋1＝2というような合理的なものではないのです。

人、そして人と人との関係は測り知れません。その測り知れないものに、目盛りという基準をつけようとすることは、裁断機で心の大切な部分を強引に切り落としてしまう、そんな作業に思えてしまうのです。本当は切り落とされた部分にこそ、人の心を温め、人と人とを繋げる作用があります。その作用は1＋1＝2どころか、答えが10にも20にも広がっていくのです。

止揚学園にはその心の部分が息づいていると感じています。人はだれもが自らの心の温かい部分を保ち続けたいと願っています。そんな安心できる場所に人々は帰って行きます。この場所で初めてホッと落ち着くことができるとするならば、それは仲間たちにとっての家なのです。

止揚学園には、生きている時、召される時、そして召されてからも共に歩んでいきましょうという理想のもと、納骨堂があります。近年は、入園している仲間たちのご両親が亡くなられた後も側《そば》で見守っていたいと願い、納骨される方々が増えています。止揚学園を長年支えてくださった方の中にも、「ここの納骨堂は毎日みんなが語りかけてくれて楽しそうだから」と納骨を希望する方もいます。そして一年に一度、召天者記念礼拝をもち、天国の皆さまとも一緒に運動会をしましょうと一日を過ごします。

去年の召天者記念礼拝運動会の日のことです。全員で大きな輪をつくり、「ワクワク行こう」というオリジナルの曲でフォークダンスをしました。初めての方でも踊れるよう、知能に重い障がいをもつ仲間の加藤さん、新任職員の稲田さんが台の上でお手本を見せてくれました。稲田さんは、加藤さんと出会って、長い年月が経っているわけではありません。しかし、二人の笑顔は青空の下、キラキラと輝きました。決して上手ではありませんでしたが、神さまが二人を出会わせてくださった、その喜びにあふれていました。

皆はその笑顔に魅せられ、神さまの優しい愛にすべての人が包まれていることの喜びから心が開かれ、ワクワクしてくるのでした。加藤さんと稲田さんは、上手に踊るためのお手本ではなく、心と心を繋いで共に歩んでいくその喜びのお手本になったのです。目に見える技能だけで、1＋1＝2であることのみに目を向けていては、人の

止揚学園の食堂が、きょうは一日そば道場です

心は動かされないのです。

「止揚学園に息づいている心の大切な部分は、そこに住む私たちだけのものではありません」

私は続けてお客さまに話し始めました。

毎年、新蕎麦《しんそば》の季節になると、佐渡島から蕎麦を打ちに来てくださる方がいます。自ら収穫した蕎麦を、蕎麦打ちの道具といっしょに持って来てくださるのです。仲間たちに囲まれて、蕎麦をこねる作業が始まると、仲間たちは師匠に弟子入りした、と得意顔です。みんな興味《きょうみ》津々《しんしん》です。なんといっても、今自分たちがこねている蕎麦粉の塊《かたまり》がお昼ご飯に出されるのですから。私は蕎麦をこねる仲間たちの手を見ながら、温かい心もいっしょにこねられていることを感じました。だからとても美味しそうなのです。

蕎麦打ちの仕上げは包丁で切ることです。仲間たちは、細く切ることが難しく、職員が手伝っても、太い蕎麦になりました。しかし「こっちのほうこそ本当の蕎麦の味がわかります」と、師匠が断言してくださいました。

その日の昼食は普段よりもみんな落ち着いているどころか、集中して、いろんな太さの蕎麦をいただきました。もし蕎麦の太さを均一化することだけを正解とするならば、仲間たちのまなざしはこれほど輝いていなかったかもしれません。


「たくさんの方々が、止揚学園の仲間たちと心で繋がろうとしてくださいます」

私は、最後にもう一度、お客さまにお伝えしなければならないと思いました。

「ここにはみんなの心が住んでいるのです。ここは、みんなの家なのです」

お客さまは、うなずいてくださいました。何かを感じてくださったうなずきでした。

私は、心の住人が新たに一人増えてくださったことを思い、神さまに感謝しました。

そして、これからも仲間たちに繋がろうと、たくさんの方々がさらなる心の住人になってくだされればと、神さまにお祈りするのです。

15　人のことを一生懸命してくれるのよ

「るーちゃんは可哀《かわい》そうな人たちと住んでるから、可哀そうやな」

私が保育園に通っていたとき、こんなことを言った友だちがいました。心の深いところにしまっていて、そのまま思い起こすこともなかった記憶の端切《はしき》れです。

現在、止揚学園には職員の子どもが十人います。その中でも一歳の男の子と、女の子、0歳の双子の男の子たちは昼間もいっしょです。お父さん、お母さんが知能に重い障がいをもつ仲間たちと時間を過ごしつつ、交代で子どもたちに付けるような勤務体系をとっているからです。私の住んでいる家を開放しているので、ミニ保育園のような状態です。

あの時のことを、ふっと思い出したのは、双子の兄弟が並んで眠っている姿を見、少し時間が経ち、もう一度見てみたら、左右対称に寝返りをうっているさまが可愛か

みんなみんな神さまの子どもです

ったからかもしれません。この子どもたちも、これからいろんなことを経験しながら成長していくのでしょう。

私は神さまにお祈りしました。

「子どもたちに止揚学園で、知能に重い障がいをもつ仲間たちとの出会いを与えてくださった神さまに感謝します。共に成長していくなかで、優しい心が育まれますようにお導きください」

お祈りを終えると、記憶の端切れは、鮮やかな色彩を私の中で取り戻していくのでした。

当時保育園が終わると、子どもだけで歩いて家に帰りました。その途中で、先ほどの友だちに会ったのです。

私たちは止揚学園でいっしょに遊ぶことにしました。ちょうど止揚学園のみんなも運動場にいたので、いっしょにソフトボールをすることにしました。なんといっても止揚学園のみんなのほうが私たちよりも年上です。職員の人がピッチャーになって、打ちやすいボールをゆっくりとバットに当たるように投げてくれるので、止揚学園のみんなは、強い力でボールを遠くに飛ばすことができました。職員のコントロールが褒《ほ》められるべきなのですが、保育園児だった私たちから見れば、止揚学園のみんなは大した人たちに見えました。いっしょに来た友だちは、可哀そうな人たちの生活はもっと暗いものだと思っていたのに、楽しそうに、ニコニコと笑いながら、ソフトボールをしている、それも、保育園児の自分たちよりも遠くへボールを飛ばすことができるということを前にして、この現実とどう接すればよいのかといったふうでした。

私は私で得意になって、いつも以上に、止揚学園のみんなと仲が良いところを見せつけるのでした。

ソフトボールの後、ベンチに座っていっしょにジュースを飲みました。友だちが栓抜きで栓を開けると、それが地面に落ちました。すると雅人さんが、拾ってゴミ箱に捨ててくれました。

雅人さんは性格がきちっとしていて、ごみがあったら、ゴミ箱に収められるまで、気持ちが落ち着かないのです。そんなことを知らずに、ジュースの栓を地面に放っておいたりしたら、それは雅人さんにとって大事件です。雅人さんは、居ても立ってもいられず、自分でさっさと片づけてしまいます。私はお節介すぎると思うこともありました。その時もまたいつものことが始まったと、友だちの様子を窺《うかが》うと、自分のごみを止揚学園の人が捨ててくれたと感心しているのでした。

「止揚学園の人たちは、自分でごはんを食べることや、お風呂に入ることは難しいけれど、人のことを一生懸命してくれるのよ」

そんな光景を見て、職員の人が優しく話してくれました。可哀そうだと思っていた人たちといっしょに時間を過ごすことによって、決してそうではないと、素直に、温かく柔らかい心で、小さな子どもが仲間たちを見ることを始めた瞬間でした。

でも、私はまったく別のことを考えていました。あの雅人さんのことをそんなふうに言える大人ってすごいなと、そんなことを思っていたのです。

友だちに私のことを、自分では感じたこともなかった「可哀そうだ」と言われたとき、反発を感じるどころか、よその人から見たら私はそういう立場にあるのかと、それは新発見でした。そして、その言葉が、友だちから発せられたのではなく、背後にいる大人の言葉であることも感じ取りました。大人の人っていうのはそういう見方をするものなのだと思いました。それが大人の考え方で、子どもの私が止揚学園の生活を普通としていても、大人の見方からすると可哀そうなことなのだと、ためらうこともなく、憐憫《れんびん》のまなざしを向けてくれることに感謝さえしていたのでした。

ですから、止揚学園の職員の言った言葉は私の心をえぐり、私がどちらの側にも属していないような、孤立感さえ感じさせる厳しいものでした。同情されることを居心地の良い場所としようとしていた私に、そのままではよしとさせなかったからです。

止揚学園で成長していく職員の子どもたちが、その歩みの中でつまずくとしたら、こんなところかな、あるいは私だけだったのかなと、スヤスヤと寝息をたてる赤ちゃんを見つめていました。


あの日から時が過ぎ、私は五十一歳になりました。きょうも雅人さんといっしょに止揚学園で過ごしています。雅人さんは、季節の変わり目になると落ち着かなくなります。冬になると、身に着けるものや、寝具が一枚一枚増えていくからです。

私はその都度、昨日とは違うことを受け入れることに時間がかかる雅人さんに、「明日からセーターが一枚増えますよ」「毛布が一枚増えますよ」と、前日のうちに教えてあげます。そうすることで、雅人さんは落ち着いて、ゆっくりと眠りにつくことができるからです。教えてあげるたびに、雅人さんの笑顔に出会うことができます。その笑顔に子どものころの面影が垣間見えます。時の流れの中で私たちは共に成長し、信頼関係を結んできました。今なら私もわかるような気がするのです。

「止揚学園の人たちは人のことを一生懸命してくれます」

それは、雅人さんがみんなのことを、そして私のことも信頼してくれていることです。人は人に信頼されることで、喜びのうちに前進していくことができます。


私はあの職員の厳しく、優しい言葉をもう一度思い出します。その言葉は、ベンチに座り、ひとり卑屈さに身を震わす子どもの心を温かく励まし、いっしょに涙してくれました。そして当時の仲間たちを思い出すのです。可哀そうと言われたことに感謝さえした私に対しても、仲間たちはいつも笑顔を向けてくれました。

本当は一番悲しかったのは仲間たちだったのです。その仲間たちの涙を大人になった今、感じるのです。

子どもの心に及ぼす大人の影響は測り知れません。私は子どもたちに何を残してあげることができるのでしょうか。子どもたちには社会の中で弱い立場に立たされている人たちと共に歩むことをあきらめない生き方をしていってほしいのです。その中で葛藤があるかもしれません。壁が前に立ちはだかることもあるかもしれません。しかしコンクリートの壁を叩き割るような強さでなく、すべての人と、手と手を取り合って、支え合い、壁を乗り越えていく優しい生き方をしていってほしいのです。

なぜなら、止揚学園の仲間たちは、すべてに生命《いのち》があることを教えてくれるからです。冷たいコンクリートの壁にも必ず温かい生命があるはずです。破壊からは新たな破壊が生まれるだけです。ですから、コンクリートの壁を温かい色鮮やかなペンキで塗り替えるような、壁もニコニコと笑っているような、そのように塗り替えていく、優しい人生の歩みをしていってほしいのです。

（すべての子どもたちの未来を祈りつつ、あの職員の言葉を責任をもって引き継いでいこう、語り続けていこう）

そのことこそが温かい色彩を一つ保ち続けることだ、と私は信じているのです。

16　いつもいっしょです

止揚学園には真理恵さんという女性がいます。ある日、真理恵さんが熱を出したので、私たちは病院に行きました。しかし次の日も、また次の日も熱が下がらなかったのです。

通院の日々の中、風邪の症状も出ていないし、熱が下がらない原因がわからないと、主治医の先生も困惑ぎみでした。そして、入院して精密検査をしてみることになりました。その検査を受けるには、三日間絶食する必要がありました。三日の間は点滴で栄養を補給するのです。

三日の後、検査を受けました。喜ぶべきことに、どこにも異常は見つかりませんでした。

少し安心し、真理恵さんはその日病室で、久しぶりに点滴ではない食事をとることになりました。しかし、真理恵さんがごはんを食べないのです。職員が口に食べ物を持っていくと、ペッと吐き出してしまいます。真理恵さんはこの三日の間、口から食べることをしなかったために、食べ物を飲み込むことを忘れてしまったのです。

なんとかして真理恵さんに思い出してもらおうと、いろいろと試してみました。

真理恵さんは歯ごたえがあるものが好きなので、口の中で噛み砕くと、溶けてなくなるお煎餅《せんべい》を試してみました。すると、少しずつですが、噛み砕き、飲み込むのでした。そのとき一瞬思い出したように続けて食べ物を口に含むと、噛み始めました。

それでもほんの少しです。生命を維持していくためにはさらに食べなくてはなりません。その間は、職員が二人付きっきりでした。一人はお箸でごはんを口に運び、もう一人がゴクンと飲み込んでいるかどうかを確認する役目です。もし食べ物が食道でなく、間違えて気管に入ってしまったら、肺炎を起こしてしまうからです。気の遠くなるような長い食事の時間でした。

そうこうしているうちに熱が下がり始めました。しかし真理恵さんには、口から食べることを忘れてしまったことに新たに向き合わなければならない事態が残ったのです。

熱が下がり、検査の結果も異常ないので、入院を続けるわけにいきません。先生が真理恵さんの現状を見て、胃ろうの処置も考えておく必要があることをお話ししてくださいました。

胃ろうとは、胃に管を通し、そこから直接栄養分を注入することです。私たちはいつか真理恵さんも胃ろうの処置をしなくてはならない時がくるであろうとは思っていました。その時にはみんなで、喜びをもって向き合い、真理恵さんとの新たな食生活を始めようと思っていました。しかしそれが今なのかということで深く悩んでしまいました。

真理恵さんのお父さんもお母さんも天国に召されて、止揚学園の納骨堂に入っておられます。お兄さんがおられますが、その重大性になかなか決断することができませんでした。苦悩の時間の中で、私たちは止揚学園で食事をする真理恵さんの一つ一つの出来事を思い出していました。

数年前、新任職員の女性が真理恵さんといっしょに食事をしている時でした。

「『おこうこ』ください」

真理恵さんがそう言うのです。

その職員は「おこうこ」が何のことかわからずに、年長の職員に尋ね、それが漬物のことと初めて知りました。

「真理恵さんはお上品ですね」と、みんなで笑い合ったこともありました。

真理恵さんもみんなも私もまだ小さかったころ、楽しみにしていた献立は、カレー粽《ちまき》でした。糯米《もちごめ》にカレー味をつけ、アルミホイルでくるみ、蒸すのです。子どものこぶし大の粽が、お皿にたくさん盛られました。その一つをとり、アルミホイルをめくるとフワッと湯気が立ち、カレーの匂いがプーンと広がります。みんなが笑顔になる瞬間です。その中に真理恵さんの笑顔もありました。

一つ一つ思い出しているうちに、ある考えが浮かんできたのです。

真理恵さんは、今は体調も回復したばかりで、そして病室という慣れない環境だから、もしかしたら止揚学園に帰って来て、自分のいつもの席に座り、いつもの仲間たちに囲まれれば、食べることを思い出すのではないかという、それは祈りに近いものでした。主治医の先生も私たちの日々の真理恵さんとの取り組みを見、理解してくださいました。

「わかりました。大変でしょうが、すぐに胃ろうをせずに、様子を見ていきましょう」

真理恵さんは退院し、止揚学園に戻って来ました。

止揚学園の食事は讃美歌の「日々の糧」を歌って始まります。そして次に食前のお祈りです。お祈りは真理恵さんの役目です。

「天の神さま、おいしいごはんをこんなにたくさんいただいてありがとうございます。イエスさまのお名前を通してお祈りします」

短く簡単なお祈りです。しかしここには真理恵さんの心からの感謝があります。

真理恵さんは歳を重ねていくうちに、このお祈りを思い出すことも難しくなっていました。横に座っている職員が先に真理恵さんの耳元で「てんのかみさま」と何度か言うと、真理恵さんはその時だけ思い出し、「てんのかみさま」と復誦《ふくしょう》するのです。お祈りが終わるまで長い時間がかかります。

あるいは思い出すことができないこともあります。そんなときは職員が心の中で真理恵さんとともにお祈りしていることを思いつつ、真理恵さんの息遣いを感じつつ、代わりにお祈りをします。

お正月、手作りのおせち料理を前に心がはずみます

真理恵さんが退院して来て初めての夜、ごはんの時に最後までお祈りを思い出すことができました。長いお祈りでした。しかし、終わった途端、仲間たちの歓声があがりました。

みんなは本当に嬉しかったのです。これからも真理恵さんといっしょにごはんを食べられることが、そして真理恵さんがお祈りをしてくれることが本当に嬉しかったのです。真理恵さんもいつもの席で、いつもの顔ぶれに囲まれて、ホッと安心しているようでした。笑顔も見て取れました。

私たちは、この時点で試みが成功したと実感しました。この流れの中で、真理恵さんが口の中の食べ物を噛み始めないはずがありません。もう口の中で溶ける煎餅に頼らなくてもいいのです。隣に座った職員も喜びのうちに食べ物を真理恵さんの口もとに持っていきました。けれども、食べることをしませんでした。

感動的なことは、なかなか起こらないのです。

しかし、私たちの中で何かが変わっていました。私たちはもしきょう、真理恵さんが食べることを思い出さなければ、それをもってあきらめることにしよう、そう心のどこかで決めていたのかもしれません。しかし、真理恵さんのお祈りが終わり、仲間たちの喜びの声を聞いたとき、そして、その笑顔に包まれた真理恵さんの笑顔を見いだしたとき、私たちをあきらめさせない、もう一歩前進していくことを勇気づける、仲間たちの言葉が聞こえてきたのです。

「いつもいっしょです」

それは海原《うなばら》を行く舟にあって、仲間たちの心からの叫びでした。航海中に舵を取る者が灯台の灯を求めるように、仲間たちが私たちを正しい方向へと導いてくれていたのです。

真理恵さんは、食器やお箸を揃え、みんなの食事の準備をしてくれるわけでもありません。しかし仲間たちは、昨日までは空いていた席に、きょうはいつものように笑顔で座ってくれている、そして活き活きと息をしてくれる真理恵さんがいてくれる、それだけで心から喜びを分かち合えるのです。

私たちは血が繋がっているわけではありません。しかし心で繋がっています。そして、仕事ができるからとか、お手伝いができるからとか、そのように目に見える現象面で繋がってもいません。家族の繋がりが目に見える条件によるのでなく、もっと深いところにあるとしたら、止揚学園の私たちもまた家族のように繋がっているといってよいのではないでしょうか。

いつのまにか私たちの中で、仲間たちの心の叫びは、すべての人の笑顔をあきらめないという祈りへと昇華《しょうか》していくのでした。


きょう、真理恵さんは本当に感謝なことに、みんなの中で一つ一つ食べ物を噛みしめながら食事をしています。

真理恵さんのお祈りによって、そして仲間たちの笑顔によって私たちは変えられました。私たちがみんなと共に生かされている。すべての生命《いのち》には役割があり、皆がその役割を担っている。そのことを気づかせてくれました。

人はそのことに気づいたとき、自分の願いを請うことをやめ、神さまの愛に包まれていることを、安らぎのうちに感謝するお祈りを始めるのです。

仲間たちのお祈りは簡単で短いものです。しかし、感謝であふれています。

17　みんなを優しく包み込んでくれる家

止揚学園の建物を新しく建て替えることになりました。この建物を私たちは本館と呼んでいます。名前が示すとおり知能に重い障がいをもつ仲間たちの生活の根幹をなす大切な建物です。仲間たちはここで寝起きをします。

夕方には職員といっしょに布団敷《ふとんしき》が始まります。畳敷の部屋に眠りにつく一人ひとりのことを思いながら、晩ごはんの時間までに敷いていくのです。歳を重ねてきた人もいて、ベッドの部屋も増えました。しかしこの布団敷は、本館が建てられた四十年前から変わらない営みです。

現在の暮らしではフローリングの床も普及し、畳の床は減ってきているのかもしれません。今、この建て替えのとき、その畳の床に座り、これまでに繰り返し行われてきた仲間たちの日々の営みに心を巡らせ、この一枚一枚が仲間たちの笑い声を、あるいは寝息を聞いてきたのだと感慨深く思います。

一年に一度、本館の畳をあげる日があります。その日には、親や兄弟姉妹の皆さまが集まってくださいます。いっせいに外に担ぎ出された畳が運動場にきれいに並べられている光景は爽快《そうかい》です。匂いを嗅ぐと、太陽の光を浴び、心を落ち着かせる良い香りがします。その夜は、その香りと、一日労してくださった皆さまの優しい心とが交わって、どの部屋も心地良さで満たされます。スヤスヤと気持ち良さそうに眠っているみんなの寝顔がそのことを物語っていました。

これまでにどれほどの温かい出来事がこの建物とともにあったことでしょうか。

ある冬の日、仲間の美咲さんのてんかん発作が続いたので、本館の部屋でゆっくりと静養することにしました。窓の外では雪景色の中、雪だるまを作る楽しそうな歓声が響いていました。付き添っている職員と美咲さんは、そんなみんなが外から手を振ってくれるたびに笑顔になるのでした。

後は炭の目をつければ完成というとき、美咲さんたちが部屋にいたままでも見えるようにと、その目を二人のいる窓のほうに向けて付けてくれました。おやつの時間に美咲さんたちは温かいぜんざいを、雪だるまとニコニコと見つめ合いながらいただく

ピカピカの廊下「ニコニコ笑っているよ」

ことができました。

きょう、雪のない外の景色を眺めながら、数限りない笑顔をこの建物は温かく包み込んでいてくれたことに気づかされます。

一つ一つの部屋には、住んでいるみんなの人数分、住んできたみんなの年数分の温かい思い出が染み込んでいます。建物は無機質に私たちを取り囲んでいるのでなく、柱一本一本が、畳一枚一枚が、仲間たちの優しい心に染められています。

本館は木造作りです。朝には長い廊下の雑巾がけをします。ピカピカに磨かれた廊下を仲間たちは嬉しそうに、「廊下がニコニコと笑っているよ」と笑います。

あるいは、夏の台風が来た夜、ある人は怖さを覚えながら、布団の中で、「雨ザーザー、風ビュービュー。大丈夫？」と建物に話しかけてきました。

私は信じています。この笑顔と言葉を確かに建物は聞き、仲間たちをきょうまで守り続けてきてくれたことを。


現在の本館が建つ前、そこには初代の本館がありました。ひとまわり小さく、もっと雑なつくりであったことを記憶しています。この初代本館を解体していた大工さんのひとり言を、子どもだった私は偶然聞いてしまいました。

「釘一本でよく今までもってきたな」

おそらく柱と柱の繋ぎ目のことを言っておられたのだと思いますが、そのとおり、粗末な本館だったのかもしれません。それでも不思議です。粗末な本館に今でも愛着を覚えるのです。

初代本館の壁面には、一面に色鮮やかに動物が描かれていました。備えつけの窓を利用して、窓が動物の目に見えるよう、うまく考えられていました。業者さんではなく、職員がペンキで仕上げたのです。だからこそ素朴で大胆でした。

そんな建物を思うとき、現在ではなく、当時の子どものころの仲間たちの笑顔といっしょに思い出すのです。みんなニコニコと笑顔でした。

初代本館は解体され、現在の本館になりましたが、新しい建物になっても心の中に生き続けました。だから現在の本館もきっといつまでもみんなの心の中に生き続けるのです。


初代本館、現本館、新本館。

止揚学園で生活している仲間たちの中にはどの建物にも住んだことになる人たちがいます。以前、新聞に、現代の福祉制度の流れが、グループホームや就労支援の場を地域に増やし、入所施設を減らしていこうとしている中、地域へ移行することなく、施設に残り続ける障がい者の記事が載っていました。私はこの記事を読んで、人の幸せっていったい何なのだろうと考えさせられました。

一人ひとりに背負ってきた歴史があります。歩んできた場所があります。ある人はその場所で幸せなのかもしれません。あるいは不幸なのかもしれません。私たちはそのことを知能に重い障がいをもつ仲間たちに問い続けてきました。私たちそのものが多数派に属し、仲間たちを少数派に追いやっていることへの心の葛藤と向き合いつつ、私たちと共に歩むことが、そして共に人生の終わりを迎えることが、仲間たちにとって幸せなのか、不幸なのかを問い続けてきました。

新しい本館は、仲間たちの年齢からすると、終身の家となります。

しかし、どうしてもこのことだけは書かせていただきたいのです。仲間たちとのこれまでの歩みの中で、笑顔がいつもあふれていたという事実を、いっしょにいることができてよかったと思えた瞬間や出来事が数限りなくあったという事実を。


自立するとはいったいどういうことでしょう。仕事ができるようになることでしょうか。給料がもらえるようになることでしょうか。自らの思いによって自らの生き方を選択することでしょうか。そのどれもが自立へと繋がっています。しかしこのときに忘れてはならないことがあります。私たちが結果を重視し、導くという時点で、すでに私たちの価値観のほうに仲間たちを引っ張っていることもあるのです。

仲間たちの価値観に立ち返ったとき、はじめて私たちに自立することの本質が見えてくるのではないでしょうか。

止揚学園の知能に重い障がいをもつ仲間たちにとって、目に見える利益の分配を第一とし、そのことによってのみ繋がろうとする社会では、自立することは難しいのです。目に見えない優しい心を大切にし、その心を分配し、繋がろうとする社会ならば、仲間たちは希望をもって生きていくことができます。この中で最も優しい心を分け与えてくれるのはほかならぬ仲間たちだからです。

止揚学園の私たちは本当に小さなグループです。しかし、私たちは心の分配を大切にしてきました。一人として欠けることを望まず、全員を必要とする小さなグループの中にあって、きょうみんなの笑顔が保たれ、心を一つにしているのなら、迷うことなく仲間たちは自立していると言っていいのです。そしてこのことにこそ明るい未来があると信じ、これからも歩み続けます。


そんなみんなを優しく包み込んでくれる新しい家です。

新しい本館を建てるにあたって、経済的なことも真剣に考えなければなりません。胸が重圧で押し潰されそうになります。しかし、次の本館はどのような形にしようかと未来に向かって楽しそうに話し合う皆の表情は明るく、恐れ立ち止まるのではなく、一歩前進しなければならないと心を奮い立たせてくれます。

止揚学園では毎年、目標聖句を決めます。

二〇一八年度の目標聖句は、新約聖書・コロサイの信徒への手紙第四章二節、「目を覚まして感謝を込め、ひたすら祈り続けなさい」（新共同訳）です。この聖句に触れるたび、心の底から力が湧き出てきます。

なぜなら祈りは生きる希望だからです。一歩前進していくための喜びの源です。私たちは祈り続けることで、恐れるのでなく、顔をあげ前進していくことができます。私たちは小さなグループです。しかし、祈りによって心を繋げ、大きな希望をワクワクと持ちながら、未来に向かって前進していくのです。

私は今から楽しみにしていることがあります。それは新しい建物が建ったとき、仲間たちの心の言葉がその内にあふれることで、その建物もまた優しい心を持ち始めることです。初代本館も、現本館も新しい建物の内でいっしょに、みんなを優しく包むことを始めてくれることです。

18　あたたかい生命《いのち》と温かいいのち

「あたたかい生命《いのち》と温かいいのち」　このタイトルを読んでくださった方から質問がありました。

「あたたかい生命《いのち》と温かいいのちはどう違うのですか」

初めてこのタイトルを読んだ方はそのようなとらえ方をされるのかと、説明不足に反省させられました。タイトルでは漢字とひらがなで二つの「生命《いのち》」が使い分けられています。これは文字の違いに意味を見いだそうとするものではなく、それぞれの温かい生命《いのち》という意味なのです。

生命《いのち》は温かいものです。しかし、一つだけだったらいつかはその温かさは冷めてしまいます。だから、みんなで寄り添って、一人ひとりの温かい生命《いのち》で、みんなの生命《いのち》を温め合おうという祈りが込められているのです。

現在、戦争の足音がそれほど遠くないところで聞こえているような恐怖を感じます。戦争にはならないと楽観的なことを言う方もおられます。しかし楽観性を盾に戦争の悲惨さから目を背け続けたとき、戦争を望む人たちは好都合と言わんばかりに盾の向こう側で着々と準備を進めていきます。気がつけば、悲惨さの中に自らを見いだすことになるのです。

戦争は生命《いのち》を奪います。止揚学園の仲間たちの生命も奪います。

仲間たちは武器を製造することも、買い求めることもしません。そして武器を製造し、買い求める人々から、その武器を持つよう命令されることもありません。武器を製造し、買い求める人たちは、生命を奪うことにすら目に見える効率性を重視し、仲間たちを邪魔な存在とするからです。私たちは遅かれ早かれ、武器を持つのか持たないのかと選択を迫られるかもしれません。戦争になんてなるはずがないと思っている人たちは、実はその選択の時から目を背けたいだけなのかもしれません。仲間たちはその選択の苦しみから免除されます。それでは仲間たちは幸せなのでしょうか。決してそうではなく、この仲間たちが最初に生命を奪われるのです。この中で、仲間たちは完全に無抵抗です。

それどころか、仲間たちは、ミサイルのボタンを押す人でも笑顔を向けられれば、心を開きます。戦車という鉄の塊《かたまり》が生命を奪うという本来の目的を隠し、草原の中に静かに止まっていても、優しく声をかけます。

「どうしたの？　お腹すいて動けないの？」

ミサイルのボタンを押す者は、そして戦車という鉄の塊は冷徹に仲間たちのこの優しさを笑い、ボタンを押し、砲弾を放ちます。

生命を奪う者の側に属さない仲間たちは、神さまが与えてくださった生命を感謝して生きる者たちです。

活き活きとした息遣いで思いっきり呼吸をし、限りなく温かい笑顔で心から笑うことをする者たちです。

この仲間たちの上にミサイルを降り注ぐ者たちに、イエスさまは悲しみの涙を降り注ぐのでしょう。

私は止揚学園で生まれ、仲間たちと共に成長してきました。そのような日々の中で

大好きな琵琶湖にて

変わらないものがあるとするならば、それは仲間たちが私のことを信じてくれているということです。

仲間たちは、子どものころの笑顔が垣間見えるその優しい面持ちで、きょうも私のことを見つめてくれます。そしてこのまなざしはすべての人々に向けられています。仲間たちはすべての人を信じているからです。そしてイエスさまを最も信じています。だから仲間たちにとってイエスさまの涙は、決して冷たく無慈悲に降り注がれるのでなく、冬が終わり、春先に降る優しい雨のように温かいものなのです。戦争とは対極の、生命《いのち》を生み出す温かい雨なのです。すべての人がそのことに気づき、もう戦争をやめようと、そう思ってくれることを仲間たちは信じています。そして言葉を話すことは難しいけれども、活き活きとした息で語ってくれます。その息吹は仲間たちの平和を願う祈りです。

今、目を覚まし、この心の祈りを聞く時です。そしてあきらめずに祈り続けるのです。私はこれからも仲間たちの温かい生命に温められながら、そして仲間たちの生命を温めつつ、歩んでまいります。この歩みこそが平和に繋がる「祈り」そのものであることを心に深く刻みつつ歩んでまいります。

おわりに

雑誌「いのちのことば」の連載のお話をもってきてくださったいのちのことば社出版部の長沢さん、編集で毎月お世話になった碓井さん、そしてこの本を出版するにあたって推薦文を書くことを快く引き受けてくださった関西学院大学教授の藤井美和先生に心から感謝いたします。

私は今日まで止揚学園の知能に重い障がいをもつ仲間たちと生活をしてきて、現在は二度目の人生を歩んでいるような気持ちでいます。

一度目の人生は、止揚学園の職員になる前、二度目は止揚学園の職員になってからの人生です。

長沢さんは初め、私が子ども時代に止揚学園の仲間たちとの生活の中で経験し、感じたことを文章にしてくださいとお話ししてくださいました。お話をうかがいながら、私と仲間たちの間で経験してきた出来事を文章にするとはどのようなことなのかと考えてみました。

すべての人の歩んできた人生には物語があります。平凡な人生などなく、それぞれに輝いています。私と仲間たちの間にも物語があります。この物語を個人的なものとせず、文章にして私たち以外の方々が読んでくださるというのです。

私は子ども時代から今日に至るまで、たくさんの大切な部分を止揚学園の仲間たちによって形づくられてきました。このたび、その形づくられたものを発信する機会を与えてくださったことに感謝しています。だからこそ私が、子ども時代の物語をただ自らの内にとどめているだけでなく文章にするのであれば、決してひとりよがりであってはいけない、また感傷的であってもいけないと思いました。

その文章は、仲間たちの心の声でもあり、そして止揚学園の私たちを祈り支えてくださるすべての人々への感謝の気持ちでもあるからです。

人はひとりでは生きていくことはできません。もしかしたら、私たちはだれかに自らを意識してもらうことによって、自分というものを保っているのかもしれません。

ということは、自らの力によってのみ生きている人はいないのかもしれません。そして知能に重い障がいをもつ仲間たちとの生活はこのことを実感させてくれる日々なのです。

仲間たちはたとえ言葉がなくても、「ここに生命《いのち》があります。ここに私たちは生きています」と、そのまなざしで私たちの心にぶつかってきてくれます。そして仲間たちの温かい生命を意識したとき、仲間たちは生かされ、私もまた仲間たちのまなざしによって生かされるのだと思うのです。

止揚学園の私たちは、これからも人々の中で歩み続けます。人が人に意識されることによって生かされているとするならば、私たちはすべての人々に優しい思いを持ち続けていこうと思います。そのことこそが社会の一員としての責任と信じ、感謝しつつ歩み続けます。

私は今、二度目の人生を生きているような気がすると述べました。

子どものころ、私に向けてくれた仲間たちの優しいまなざしは変わることなく、きょうも私を生命あるものとして意識してくれています。その笑顔のまなざしの意味を職員になってはっきりと気づかされました。知ることができたからこその二度目の人生です。

人の人生は一回限りです。神さまを前にして畏れ多いことでもありますが、私は仲間たちによってさらなる二度目の人生を歩ませていただいています。もちろんすべて神さまは知っておられて、あらゆる意味において優しく見つめてくださっているのかもしれません。

ここに温かい生命《いのち》があります。

イエスさまの愛に包まれつつ。

二〇一八年二月

止揚学園園長　福井　生

あたたかい生命《いのち》と温かいいのち

2018年５月１日発行
2023年５月１日３刷

著　者　福井　生
印刷製本　シナノ印刷株式会社
発　行　いのちのことば社
〒164-0001 東京都中野区中野2-1-5
電話 03-5341-6922（編集）
03-5341-6920（営業）
FAX03-5341-6921
e-mail:support@wlpm.or.jp
http://www.wlpm.or.jp/

ISBN978-4-264-03893-1